8°Y th
8.795

LE
MAGNIFIQUE,
COMÉDIE
EN DEUX ACTES,
AVEC UN PROLOGUE ET TROIS INTERMEDES;

Représentée devant le Roi, à Fontainebleau le 15 Novembre 1753.

DE L'IMPRIMERIE
DE BALLARD, seul Imprimeur du Roi pour la Musique, & Noteur de la Chapelle de Sa Majesté, rue Saint-Jean-de-Beauvais, à Sainte Cécile.

Par exprès Commandement de SA MAJESTÉ.

L'arrangement des Airs employés pour les Intermedes, a été fait par les Sieurs FRANCOEUR & REBEL, Sur-Intendans de la Musique de la Chambre du Roi.

Les Ballets sont de la Composition du Sr. LAVAL, Maître des Ballets du Roi.

ACTEURS
DU PROLOGUE.

ZIMA. Sr. GRANDVAL.
ZINZOLIN, *Ami de Zima.* Sr. ROCHARD.
GERALDE, *Intendant de Zima.* Sr. DE LANOUE.
M. DE L'ARPEGE, *Maître de Musique.* Sr. DE HESSE.
M. TINTAMARE, *Maître de Ballets.* Sr. ARMAND.
DOMESTIQUES DE ZIMA.

La Scene du Prologue est dans l'Antichambre de Zima.

ACTEURS DE LA COMEDIE.

ALDOBRANDIN, *Tuteur de Lucelle.*	Sr. DE LA TORILLIERE.
HORACE, *Frere d'Aldobrandin.*	Sr. DUBREUIL.
ZIMA, *Amant de Lucelle.*	Sr. GRANDVAL.
LUCELLE.	Dlle. GOSSIN.
LA GOUVERNANTE.	Dlle. DANGEVILLE.
LE NOTAIRE.	Sr. LE GRAND.

La Scene est à Florence dans la Maison d'Aldobrandin.

ACTEURS CHANTANTS

Dans tous les Chœurs.

DEMOISELLES.

Canavas.	Bertrand.	D'Egremont C.
D'Egremont L.	Godonesche.	De Chevremont.

SIEURS.

Ajuto.	D'Egremont.	Bosquillon.
Godonesche.	Tavernier.	Besche.
Du Bourg.	Chambalanti.	Le Begue.
Joquet.	Benoît.	Bazire.
Richer.	Du Croc.	

PREMIER INTERMEDE.

LE Théâtre représente une Forêt agréable, & dans le fonds une Grotte embelie par des eaux jaillissantes. Des Nymphes paroissent jouir de la beauté de ce lieu tranquille. Elles sont allarmées par une Troupe de Faunes qui chassent dans cette Forêt. Les Faunes galants les rassurent. Les Nymphes par degré deviennent moins timides, & se laissent persuader.

ACTEURS CHANTANS

Dans le Divertissement.

UNE NYMPHE. Dlle CHEVALIER.

UN FAUNE. Sr BESCHE.

PERSONNAGES DANSANTS.

NYMPHES.

Dlle. Carville.

Dlles. Himblot, Grenier, Chevrier, Marquiſe, Camille, Courcelle.

FAUNES.

Srs. Dupré, Feuillade, Baletti L. Teſſier, La Riviere, Beat.

UNE NYMPHE.

Dlle. Veſtris.

UN FAUNE.

Sr. Veſtris.

UN SATYRE.

Sr. Lionnois.

SECOND INTERMEDE.

LE Théâtre représente dans le fond une Mer agitée, dont les flots s'élevent entre des rochers qui en bordent le rivage. Le Tonnerre & le bruit des vents se font entendre, pour exprimer un combat général de tous les Elémens, & l'Antipathie qui divise les Mortels.

Une Symphonie annonce la naissance de Vénus, qui sort du sein des Flots, entourée des Graces & des Plaisirs : elle ramene le calme, & rétablit l'harmonie sur la Terre.

ACTEURS CHANTANS.

Dans le Divertissement.

UN PLAISIR. Sr. JELIOTTE.

UNE MORTELLE. Dlle. DAVAUX.

PERSONNAGES DANSANTS.

MORTELS.

Sr. Laval. Dlle Lionnois.

Suite des Mortels.

Srs. Baletti L. Dourdet, Malter C.
Dlles. Himblot, Courcelle, Marquiſe.

VENUS.

Dlle. Puvigné.

JEUX ET PLAISIRS.

Srs. La Riviere, Teſſier, Baletti C.
Dlles. Catinon, Riquet, Du Miray.

TROISIÉME INTERMEDE.

LE Théâtre repréſente un Amphithéâtre de verdure, préparé pour la Lice de ceux qui doivent diſputer des Talens du Chant & de la Danſe.

ACTEURS.

ACTEURS CHANTANTS.

ARUERIS.	Sr. JELIOTTE.
ORIE.	Dlle. FEL.
UNE BERGERE.	Dlle. DE RIANCOUR.
UN BERGER.	Sr. POIRIER.

PERSONNAGES DANSANTS.

Sr. Dupré.

Sr. Vestris. Dlle. Vestris.

Sr. Lionnois. Dlle. Lany.

Sr. Laval fils.

Dlle. Puvigné.

Sr. Lany. Dlle. Reix.

SIEURS.	DEMOISELLES.
Beat.	Courcelle.
La Riviere.	Marquise.
Malter C.	Du Miray.
Dourdet.	Riquet.

ARUERIS,

ACTE DE BALLET.

SCENE PREMIERE.

ARUERIS.

LE bonheur de la Terre est le bien où j'aspire,
Les Talens vont prêter des charmes aux loisirs,
J'assure en fondant leur Empire,
Des armes à l'Amour, aux Mortels des plaisirs.

Le Dieu des Arts eſt l'apui de ta gloire
Tendre Amour ſeconde ſes vœux,
Eclaire l'objet de mes feux,
L'erreur qui le ſéduit balance ma victoire;
Que ton flambeau brille à ſes yeux.

SCENE II.

ARUERIS, ORIE,

ORIE.

INGRAT, *pour les beaux Arts votre amour ſe ſignale,*
Dans les Jeux que vous ordonnez.
Le prix dont vous les couronnez
Ne m'annonce que trop une heureuſe rivale.

ARUERIS.

Les Talens à l'envi, par d'agreables jeux,
Vont diſputer le prix du Chant & de la Danſe,
Et des vainqueurs, l'Amour doit couronner les vœux.

Je leur offre la récompenſe,
Qui peut ſeule être digne d'eux.

Les dons les plus brillans ſont votre heureux partage.
Dédaignez-vous le prix qui leur eſt préſenté ?

ORIE.

Ces foibles dons ſur la beauté
Doivent-ils avoir l'avantage ?

ARUERIS.

A nos cœurs la beauté porte les premiers coups ;
Son aimable empire ſur nous
Triomphe de l'indifference ;
Mais à des traits plus ſûrs & peut-être plus doux ,
L'amour conſtant doit ſa puiſſance.

ORIE.

Eh ! Quels ſont ces traits précieux ?
Leur pouvoir doit me faire envie ,
Puiſqu'ils ſont ſi chers à vos yeux.

ARUERIS.

L'art des Talens , aimable Orie ,
Bannit l'ennui de nos loiſirs.
Il faut , comme à la terre , à la plus belle vie ,
Ces charmes variés d'où naiſſent les plaiſirs.

Cette plaine vaſte & féconde
Ne préſente à nos yeux qu'une froide beauté ;

Mais l'azur des cieux répeté
Dans le cristal brillant de l'onde,
Les bois, les valons, les côteaux,
L'émail des fleurs, & la verdure
Rendent toujours riant, par leurs divers tableaux;
Le Spectacle de la nature.

ORIE.

Je crains d'être le prix d'un Vainqueur odieux.

ARUERIS.

Qui peut mieux de ce choix décider que vous-même!

Entrez dans la carriere, embelissez nos Jeux.

Le triomphe de ce que j'aime
Est le seul qui manque à mes vœux.

Entrez dans la carriere, embelissez nos Jeux.

ORIE.

Je puis tout oser pour vous plaire...
Ah! C'est vainement que j'espere:
Mes Talens négligés doivent trop m'allarmer.
Hélas! Quand leur secours me devient nécessaire
Je n'ai plus que celui d'aimer.

ARUERIS.

C'est le plus enchanteur. Lui seul les fait tous naître.

Eh! Que seroient les Talens sans l'Amour?
Il les inspire, il les force à paroître,
Il leur prête ses traits, les place dans leur jour;
Et sa flâme est leur premier Maître.

On entend le Prélude de la Fête.

A ORIE à part.

On vient. Triomphe, Amour, dissipe son erreur.

ORIE sort.

SCENE III.

ARUERIS, EGYPTIENS chantans, dansans, & jouans de toutes sortes d'instruments.

ENTRE'E D'EGYPTIENS ET D'EGYPTIENNES qui viennent disputer le prix des Arts & des Talens.

ARUERIS.

BRILLEZ, *Sons enchanteurs, & volez jusqu'aux cieux:*
Célébrez les Talens, consacrez leur victoire.

CHŒUR.

Que les échos de ce séjour heureux,
Retentissent de leur gloire.

AIRS PARODIE'S DU BALLET
pour la Dispute du Prix de la Voix.

UNE BERGERE EGYPTIENNE.

L'Amant que j'adore
Alloit former de nouveaux nœuds;
J'entendis des oiseaux heureux,
Les chants amoureux
Au lever de l'aurore.

J'imitai leurs accens,
Mon Amant courut pour m'entendre,
Mes sons touchans
L'ont rendu fidele, & plus tendre,
Je dois mon bonheur à mes chants.

On danse.

UN BERGER EGYPTIEN
jouant de la Musette.

Ma Bergere fuyoit l'amour;
Mais elle écoutoit ma Musette.

Ma bouche discrette
Pour ma flâme parfaite,
N'osoit demander du retour.

Ma Bergere auroit craint l'amour;
Mais je fis parler ma Musette.
Ses sons plus tendres chaque jour
Lui peignoient mon ardeur secrette :
Si ma bouche étoit muette,
Mes yeux s'expliquoient sans détour.

Ma Bergere écouta l'amour,
Croyant écouter ma Musette.

Le Ballet continue. Il est interrompu par ORIE.

SCENE DERNIERE.

ARUERIS, ORIE, EGYPTIENS ET EGYPTIENNES.

ORIE.

POUR *entendre ma voix, Peuple, suspens tes Jeux.*
Naissez du transport qui me presse,
Naissez, Accens harmonieux.

Charmes du ſentiment, divine & douce yvreſſe,
Paſſez dans mes chants amoureux.

Enchantez l'Amant que j'adore,
Sons touchans, ſecondez mes feux.
Allez juſqu'à ſon cœur; rendez plus tendre encore
L'amour qui brille dans ſes yeux.

Sons brillans, hâtez-vous d'éclore,
Volez, ſoyez l'image des Zéphirs.
Amuſez l'Amant que j'adore :
Volez, ſoyez l'image des Zéphirs.

Peignez le doux penchant qui les ramene à Flore,
Gardez-vous d'exprimer leurs volages ſoupirs.
Qu'à jamais mon Amant ignore
Si l'inconſtance a des plaiſirs.

CHŒUR.

Ciel, quels accens! . . .

ARUERIS.

Triomphez, belle Orie.

CHŒUR.

Remportez le prix de la Voix.
Loin de nos cœurs les tourmens de l'Envie,
L'amour seul nous donne des loix.

* ARUERIS AVEC LE CHŒUR.

Triomphez, belle Orie,
Remportez le Prix de la Voix.

ARUERIS.

A l'objet de vos vœux vous allez être unie,
Et sa félicité ne dépend que de vous.

ORIE.

A l'Amour je dois ma victoire.
C'est pour lui dans ces Jeux que j'ai cherché la gloire,
Et c'est de votre main que j'attens un Epoux.

ARUERIS, en lui offrant la main.

Je partage le prix d'un triomphe si doux!
Et vous, Peuple aimable,
L'Himen va couronner vos efforts généreux.

---

* Il donne à ORIE une Couronne de Mirthe.

Venez, qu'une chaîne durable
Vous unisse & vous rende heureux.

On danse.

ARUERIS au Peuple.

L'Amour triomphe; annoncez sa Victoire,
Ce Dieu n'est occupé qu'à combler nos desirs:
On ne peut trop chanter sa Gloire;
Il la trouve dans nos Plaisirs.

ARUERIS avec le CHŒUR.

L'Amour triomphe, annonçons sa Victoire,
Ce Dieu n'est occupé qu'à combler nos desirs:
On ne peut trop chanter sa Gloire,
Il la trouve dans nos Plaisirs.

On danse.

ARUERIS.

Regne Amour, fais briller tes flâmes
Sur des cœurs soumis à tes loix,
Epuise ton carquois:
Lance tous tes traits dans nos ames.

Tu nous fais, Dieu charmant, le plus heureux destin,
Je tiens de toi l'Objet dont mon ame est ravie,
Et je dois le bonheur d'une nouvelle vie
Aux feux de ton flambeau divin.

Regne Amour, fais briller tes flâmes;
Sur des cœurs soumis à tes loix,
Epuise ton carquois:
Lance tous tes traits dans nos ames.

On danse.

FIN.

www.ingramcontent.com/pod-product-compliance
Lightning Source LLC
LaVergne TN
LVHW010300230826
846091LV00007B/3072

9782019951894